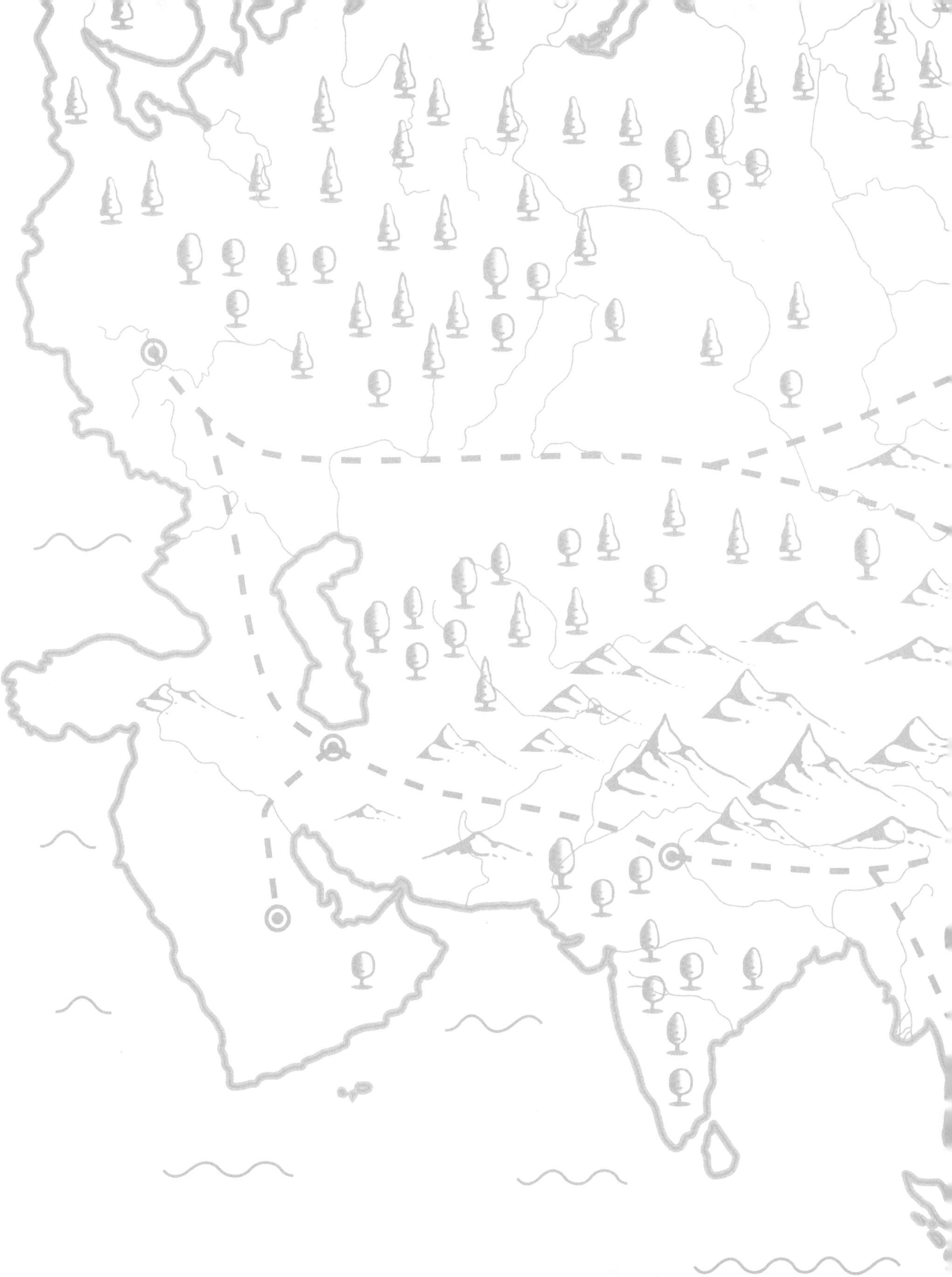

평범한 우리 어린이들을 다음 세대
위인으로 만들어 줄 교과서 위인 이야기!
효리원의 교과서 위인 이야기는 초등학교
교과 과정에 나오는 국내외 위인들을, 우리나라
최고 아동 문학가 53인이 재미있게 동화로 구성했습니다.
지혜와 용기로 위대한 삶을 산 위인들의 이야기는,
어린이들의 마음속에 '나도 할 수 있다.'는
희망의 씨앗을 심어 줄 것입니다!

일러두기

1. 띄어쓰기와 맞춤법 : 초등학교 국어 교과서와 국립국어원의 『표준국어대사전』을 기준으로 하였습니다.
2. 외래어 지명과 인명 : 국립국어원의 『외래어 표기 용례집』을 기준으로 하였습니다.
3. 이해가 어려운 단어 : ( ) 안에 뜻풀이를 하였습니다.
4. 작가 연보 : 연도와 함께 나이를 표기하고, 업적을 간략히 소개하였습니다. 우리나라 위인은 태어난 해를 한 살로 하였고, 외국 위인은 만 나이를 한 살로 하였습니다. 정확한 자료가 없는 위인은 연도와 업적만을 나타냈습니다.
5. 내용 구성 : 위인의 삶은 역사적 자료를 바탕으로 최대한 사실적으로 구성하였습니다. 그러나 읽는 재미를 위해 대화 글이나 배경 묘사, 인물의 감정 표현 등에 작가의 상상력을 가미하였습니다.
6. 그림 구성 : 문헌을 바탕으로 위인이 살던 시대를 충실히 나타내도록 하되 복식의 색상이나 장식, 소품, 건물 등은 작가의 상상으로 그렸습니다.
7. 내용 감수 : 각 분야의 전문가들로 구성된 편집 위원들이 꼼꼼히 감수를 하였습니다.

편집 위원

김용만(우리역사문화연구소장)
교과서에서 만나는 위인들을 중심으로 일화와 함께 그림과 사진을 곁들여 지루하지 않게 읽을 수 있습니다. 술술 읽다 보면 학교 공부에도 많은 도움이 될 것입니다.

신현득(동시인, 전 새싹회 회장)
우리가 자주 듣고 접하는 역사 속 실존 인물들이 자신의 꿈을 이루기 위해 어떻게 노력했는지 깨달아 가면서 우리 어린이들은 한층 더 성숙해질 것입니다.

윤재운(동북아역사재단 연구 위원)
위인전을 읽으면서 어린이들은 시대를 넘어 간접 체험을 할 수 있습니다. 어떻게 살아야 하는지 인생에 대한 동기 부여와 함께 삶이 보다 풍요로워질 것입니다.

이은경(철학 박사, 전북과학대 유아교육학과 교수)
한 사람의 인격과 품성은 어릴 때 형성됩니다. 따라서 초등학교 저학년 때 어떤 책을 읽느냐에 따라 생각의 크기가 달라집니다. 어린이의 미래를 위해 이 책은 꼭 읽어야 합니다.

이창열(하버드 대학교 물리학 박사, 전 국가과학기술자문회의 전문 위원)
세상을 바꾼 위대한 인물의 이야기는 어린이의 인성 및 감성 발달에 큰 영향을 미칠 뿐 아니라 실험 정신과 개척 정신을 길러 줍니다. 용기와 지혜로 세상을 헤쳐 나가는 당당한 어린이를 꿈꾼다면 이 책은 꼭 한번 읽어 보아야 합니다.

정재도(한글학자)
위인으로 일컬어지는 이들은 어떤 생각을 하고, 어떤 삶을 살았을까요? 그들의 흔적을 담은 위인전은 복잡한 현대를 이끌어 갈 우리 어린이들에게 나침반과 같은 역할을 할 것입니다.

조수철(서울대학교 의과대학 소아정신과 교수)
위인전은 시대와 신분, 업적이 다른 위인들의 삶이 다양하고 흥미롭게 구성되어 있어 손쉽게 여러 삶의 모습을 만날 수 있습니다. 용기 있게 고난을 헤쳐 나간 위인의 이야기를 통해 삶의 지혜를 배울 수 있을 것입니다.

대동여지도를 만든
조선 시대의 지리학자

김 정 호

장문식 글 / 홍정민 그림

효리원
hyoreewon.com

이 책을 읽는 학부모님과 선생님께

이 책을 읽을 때에는 먼저 시대적 배경을 바르게 알려 주는 것이 좋습니다. 조선 시대는 양반과 상민을 뚜렷하게 구별한 계급 사회였습니다. 이런 계급 사회가 생겨나게 된 배경을 알게 해야 합니다.

그리고 실제로 어떤 차별이 이루어졌는가도 구체적으로 알려 줌으로써 책을 읽는 데 참고하도록 하는 것이 바람직합니다.

두 번째로, 학문에 대한 인식이 달라졌다는 것을 알려 주십시오. 조선 후기는 서구의 사조가 흘러들어와 사회 전반에 걸쳐 변화가 있었던 시기입니다. 따라서 유교 사상을 바탕으로 형이상학적인 것만이 학문이라는 인식은 실제 생활에 유용한 모든 것들이 학문이 된다는 인식으로 바뀌게 되었습니다. 이러한 측면에서 천문이나 지리학을 연구하는 학자들도 나타나게 되었다는 사실을 알아야 합니다.

또한 인물의 인생관이나 세계관을 알게 해 주어야 합니다. 김정호는 어떻게 사는 것이 가장 인간다운 삶이라고 생각했는지, 즉 삶의 가치를 어디에 두고 있었는지에 대해 생각해 보아야 합니다. 그리고 그가 세상을 어떻게 보았는지 그의 생각을 알아야 합니다.

신분, 가문, 출신보다는 능력, 학식, 덕망으로 평가받는 세상을 꿈꾸었던 그가 뜻을 세우고 꿋꿋이 실현해 가는 모습을 보는 것이 무엇보다 중요하겠지요.

마지막으로 김정호를 본받아 우정을 귀하게 여기는 마음가짐을 갖도록 지도해 주시기 바랍니다. 친구와의 우정은 김정호의 인생을 바꾸었습니다. 또 가장 어려울 때 친구가 도움을 주어 꿈을 이루어 가는 데 절대적인 힘이 되었습니다. 이런 우정이 얼마나 소중한 것인가를 마음 깊이 새겨 둔다면 우리 어린이들은 행복한 삶을 살 수 있을 것입니다.

머리말

여러분은 지도가 필요했던 적이 있나요? 지도는 옷이나 밥처럼 늘 필요한 것은 아니지요. 그러나 지도가 없다고 생각해 보세요. 그렇다면 얼마나 불편할지는 금방 알 수 있겠지요?

지도를 보면 온 세상이 한눈에 들어와서 마음이 넓어집니다.

또 어느 곳이든 찾아가기도 쉽고요.

그 시대에, 지도는 그리기가 어려운 데다가 늘 필요한 것이 아니기 때문에 선뜻 나서서 만들려는 사람이 없었습니다. 그런 어려움에 아랑곳 않고 평생 동안 지도 그리는 공부만 해서 처음으로 우리나라 지도를 정확하게 그린 사람이 바로 김정호입니다. 벼슬도 하지 못하고 가난하게 살면서도 왜 그 일을 했는지 알고 싶다면 이 책을 읽어 보세요. 책을 다 읽고 나면 분명히 여러분의 생각이 달라질 것입니다.

글쓴이 장문식

차 례

아주 귀한 선물

여기는 황해도 토산현 깊은 산골에 자리 잡은 두메 마을입니다. 앞에는 토끼봉이 우뚝 솟아 있고, 마을을 빙 둘러 산뿐입니다.

“자, 가자. 오늘도 한 짐 해야 밥을 먹지.”

“그래. 이 산골에서 우리 같은 상놈들이 나무하는 것 말고 할 일이 또 뭐 있겠냐?”

정호와 삼복이는 지게를 진 채 까막재를 넘어가고 있었습니다.

하늘에는 겨울 까마귀들이 시커멓게 날고 있었습니다.

"오늘은 여우골로 가자."

"뭐! 여우골?"

정호의 말에 삼복이가 눈을 동그랗게 떴습니다.

여우 고개는 무서운 곳입니다. 송장 파먹는 여우가 살고, 공동묘지가 있는 곳입니다. 대낮에도 귀신이 나온다는 소문이 돌아 사람들이 얼씬도 않는 곳이었습니다. 그래서 그곳에는 땔나무가 많았습니다.

금방 나무 한 짐을 하고 나니 기분이 좋았습니다. 그때 삼복이가 겁에 질려 말을 더듬거렸습니다.

"야, 야, 야. 저, 저, 저기……. 귀, 귀, 귀, 귀신……."

정호는 삼복이가 가리키는 곳을 바라보았습니다.

저쪽 오리나무 숲에 희끗희끗한 무언가가 보였습니다. 정호도 무서워

서 삼복이를 잡아끌고 다복솔(가지가 탐스럽고 소복하게 많이 퍼진 어린 소나무) 뒤로 숨었습니다.

얼마쯤 지나 살그머니 내다보았습니다. 그것은 귀신이 아니라 사람이었습니다. 그 사람은 거적때기(헌 거적 조각)에 싼 시체를 파묻고 있었습니다.

"가난한 사람이 또 하나 죽었나 보네……."

"천하게 살아온 상놈이겠지 뭐."

정호가 한숨을 지었습니다. 이 세상이 원망스러웠습니다.

관도, 상여도 없이 시체를 거적때기에 둘둘 싸서 지고 와 파묻는 사람은 틀림없이 가난하고 천한 상민이었습니다.

정호는 나무 한 짐을 마당에 부려 놓고는 어머니를 붙잡고 불만을 터뜨렸습니다.

"왜 아버지는 양반이 아니에요? 난 상놈으로 살기 싫단 말이에요!"

"뭣이라고? 이 못된 놈! 부모를 탓하다니. 그게 어디 사람의 힘으로 되는 거라더냐, 이놈아!"

어머니가 버럭 화를 내며 부지깽이를 휘둘렀습니다. 이때 방물장수(화장품, 바느질 기구, 패물 따위를 파는 장사꾼)로 멀리 나갔던 아버지가 오랜만에 집으로 돌아왔습니다.

“정호가 웬일로 화가 단단히 났구나. 자, 아버지가 아주 귀한 선물을 가져왔다. 이리 오너라.”

선물이란 말에 귀가 솔깃해진 정호가 아버지 앞에 앉았습니다. 아버지는 선물은 내놓지 않고 다른 고을을 돌아다니며 들은 이야기만 길게 이어 갔습니다.

“그래서 곧 새 세상이 올 거라고들 하더라. 양반, 상놈이 따로 없는 세상 말이다. 그러니까 너도 준비를 해야지. 새 세상에서 살아갈 준비를 말이다. 이 말이 선물이란다.”

“예? 이게 선물이라고요?”

정호는 맥이 풀려 아버지를 물끄러미 바라보았습니다. 아버지의 눈이 빛났습니다.

“새 세상에서 살아갈 준비는 글공부다. 누구든지 공부하면 대접받는 세상이 온다더라.”

아버지는 알 수 없는 말을 하면서 그게 아주 귀한 선물이라고 했습니다.

온 세상을 한눈에

정호는 아버지에게 이끌려 윗마을 서당에 갔습니다. 글공부가 싫었지만 억지로 따라갔습니다.

"상놈들이 나무나 하고 농사나 짓지, 글공부는 무슨 글공부냐?"

"그렇지. 뱁새가 황새 걸음 흉내 내다간 가랑이가 찢어진다는 거 몰라?"

"야, 너 가랑이 찢어지면 어쩌려고 그래?"

서당 아이들이 저마다 한마디씩 했습니다. 정호의 얼굴이

대번에 벌개졌습니다. 그 녀석들을 후려갈기고 서당을 뛰쳐 나가고 싶었습니다.

"야, 너희들 그만두지 못해? 그 아이가 무슨 죄를 지었다고 그래?"

정호는 눈을 동그랗게 뜨고 소리 나는 쪽을 바라보았습니다. 다른 아이들도 다 같이 고개를 돌렸습니다. 양반집 도련님 옷차림을 한 아이가 이쪽으로 걸어오면서 말했습니다.

"흥! 한양에서 왔다고 잘난 체하는군. 훈장 어른 친척이라고 뽐내는 거지 뭐."

조금 뒤에 한 아이가 뒤에서 비아냥거리며 말했습니다. 그러나 그 누구도 앞으로 나서서 당당히 말하지는 못했습니다.

한양에서 온 이 아이는 최한기라고 자신을 소개하고는 이렇게 말했습니다.

"앞으로 양반, 상민 구별이 없는 새 세상이 올 거야. 공부도 누구나 할 수 있어. 너도 사람이 살아가는 데 필요한 공부를 해 봐."

정호는 집에 돌아와서도 한양에서 온 아이의 말이 머릿속에서 맴돌았습니다. 정호는 서당 아이들에게 상놈이라고 천대받은 것이 화가 나서 무작정 산속을 헤매고 다녔습니다. 밤이 깊어서야 겨우 움막을 찾고는 그만 정신을 잃었습니다. 그 움막은 텁석부리 할아버지가 평생 동안 약초를 캐며 홀로 살고 있는 곳이었습니다.

"얘야, 이제 깨어났구나. 여기는 강원도 추애산이다. 추애산에서도 가장 깊은 칡범골이야. 여기서 너의 집까지 가려면 하루가 더 걸릴 것이니 내일 아침 일찍 떠나라."

텁석부리 할아버지는 종이에 그림으로 지도를 그려 가며 집으로 가는 길을 자세히 가르쳐 주었습니다. 형제바위, 장군솔, 노루샘, 너덜겅, 거북바위, 황룡동굴 등을 그려 길을 이어 주었습니다.

정호는 텁석부리 할아버지가 건네준 그림 지도를 보며 길을 떠났습니다. 그림 지도는 실제 산길과 정확히 맞았습니다. 집을 찾아가는 데 아주 편리했습니다. 정호는 그렇게 그림 지도만 보고서 쉽게 집을 찾아왔습니다.

'아하, 지도라는 것이 이렇게 편리한 것이로군! 우리가 살아가는 데 꼭 필요하겠어. 그래, 내가 할 공부는 바로 이것이다.'

정호는 뜻하지 않게 지도에 마음이 끌리면서 설레었습니다.

사흘 만에 집에 돌아온 정호는 다음 날 서당으로 달려가 최한기를 만났습니다.

"너 무슨 일이 있었냐?"

"응, 아주 귀한 것을 얻었어."

정호는 텁석부리 할아버지가 그려 준 그림 지도를 꺼내 보였습니다.

"이것 봐! 내가 해야 할 공부가 생긴 거라고. 온 세상을 한눈에 볼 수 있게 그릴 거야."

"온 세상을 그린다고? 참 멋진 생각인데!"

최한기는 반가워했습니다. 정호는 힘이 솟았습니다.

1년 후 최한기는 공부를 마치고 한양 집으로 떠났습니다.

"넌 반드시 최고의 지도를 만들어 낼 거야. 난 믿어."

정호와 최한기는 헤어지면서 각자 자기가 하고 싶은 공부를 꿋꿋이 하자고 손을 맞잡았습니다. 그리고 우정도 끝까지 변치 말자고 약속했습니다.

발로 그린 그림

최한기와 헤어진 지도 어언 다섯 해가 흘렀습니다. 그동안 정호는 글공부를 하면서도 꾸준히 지도를 생각했습니다.

'어떻게 하면 정확하고 보기 쉽게 그릴 수 있을까?'

늘 이런 생각이 머릿속에 가득 차 있었습니다.

어느 날, 정호는 지금까지 자기가 생각해 둔 방식대로 지도를 한번 그려 보았습니다. 하루 종일 방 안에 틀어박혀서 두메 마을을 중심으로 자기가 아는 토산현 고을을 그렸습니다.

"보기는 좋은데, 거리와 방위가 맞지 않는구나."

대동여지도 | 22권 중 17권만이 전해져 영남대학교에 보관되어 있습니다.

아버지가 짚어 주는 말에 퍼뜩 떠오르는 것이 있었습니다.

'방 안에 앉아서 그리니까 지도가 이렇게 된 거야! 지도는 발로 그려야 해.'

정호는 이 깨달음을 마음속 깊이 새겨 두었습니다.

정호는 토산현 두메 마을을 떠나기로 마음먹었습니다. 먼저 한양에 가서 최한기를 만나 보기로 했습니다. 그에게 부탁해서 여러 가지 지도에 관한 책들도 보고, 학자들도 만나 볼 생각이었습니다.

"정호, 반갑네! 지도에 대한 굳은 결심은 여전하겠지? 그동안 지도 공부는 많이 했나?"

최한기는 예전처럼 다정하게 대해 주었습니다.

게다가 최한기의 아버지 덕택에 정호는 새로운 지도 공부도 많이 할 수 있었습니다. 여러 고을의 모습과 풍속 이야기 등을 모아 놓은 『동국여지승람』과 『택리지』도 직접 보았습니다. 그리고 나라 전체의 지도인 「조선팔도지도」를 처음으로 보았습니다. 한양에 와서 처음으로 지리책들과 지도를 보자 마음은 더욱 설레었습니다.

"이제 직접 가서 살펴봐야겠네. 백두산에도 가 보고. 지도를 방 안에서 그릴 수는 없어."

며칠 뒤 정호는 짐을 싸서 길을 나섰습니다. 계속 북쪽으로 올라갔습니다. 서쪽 바다와 들판도 눈여겨보았습니다. 가다가 날이 저물면 아무 데서나 잤습니다. 며칠이 지나자 날짜도 잊어버렸습니다. 옷은 까맣게 때가 끼고 너덜너덜해졌습니다. 가지고 온 짚신도 다 떨어져 발은 상처투성이였습니다. 머리는 제멋대로 헝클어졌고 수염은 텁수룩하여 영락없이 동냥치(동냥하러 다니는 사람) 모습이었습니다. 기운이 다 빠져 지칠 대로 지쳤습니다.

그러나 계속 걷고 걸어서 드디어 백두산 봉우리에 올랐습니다. 눈앞이 아무 막힘없이 확 트였습니다. 눈 아래에는 파란 물이 담긴 천지가 펼쳐졌습니다.

"오오! 여기가 어머니 산이로구나! 우리 겨레의 생명의 뿌리다!"

김정호는 자기도 모르게 무릎을 꿇었습니다.

김정호는 쉽게 백두산을 떠날 수가 없었습니다. 백두산도 자세히 살펴보고 가까이 있는 산들도 알아볼 겸 중턱에 있는 사냥꾼의 집을 찾아갔습니다.

"저는 지도를 그리려고 여기에 왔습니다. 얼마 동안만 머무

르게 해 주십시오."

"양반도 아닌 사람이 그런 쓸데없는 일을 왜 합니까?"

사냥꾼은 시큰둥한 표정이었습니다. 그렇지만 승낙은 해 주었습니다.

김정호는 이 집에 머물면서 백두산을 두루 돌아보고 자세히

글로 적고 또 그림으로 그렸습니다. 천지, 소천지, 흑풍구, 고래등, 원시림, 사스래폭포, 장백폭포, 천문봉, 병사봉, 청석봉, 백운봉, 녹명봉, 용문봉. 백두산 곳곳에 김정호의 발길이 닿지 않은 곳이 없었습니다.

이렇게 돌아다니다 보니 몇 해가 훌쩍 지나가 버렸습니다.

나의 샛별

김정호는 백두산을 비롯한 북쪽 지방에 흩어져 있던 여러 자료들을 모아 가지고 짐을 쌌습니다. 온갖 고생을 하면서 모은 것으로, 김정호에게는 보물과도 같았습니다.

큼직한 괴나리봇짐을 짊어진 김정호는 그동안 머물러 살았던 백두산 사냥꾼의 집을 나섰습니다.

"그동안 신세를 많이 졌습니다. 고맙습니다."

또다시 산길을 떠나는 김정호의 모습은 마치 산짐승 같았습니다. 해진 옷은 누덕누덕 기워서 입고, 수염과 머리는 길 대로 길어서 사람의 모습이 아니었습니다. 이런 모습으로 몇 년 만에 고향에 가는 것입니다.

이번에는 북쪽으로 국경을 따라서 걷다가 동해안으로 내려갔습니다. 고향 두메 마을로 들어가는 까막재에 올랐습니다. 산자락에 아늑하게 자리잡은 고향 두메 마을이 한눈에 들어왔습니다. 초가집과 골목길들은 변함없이 떠날 때 그대로였습니다.

집에 온 김정호는 그날 밤부터 지도 그리는 일에 몰두했습니다. 북쪽 지방에 대한 자료들을 하나하나 정리했습니다. 자료들이 방 안에 수북이 쌓였습니다. 이 자료들을 가지고 밤낮을 가리지 않고 지도를 그렸습니다.

북쪽 지방 하나만을 그리는 데에 1년 가까운 시간이 걸렸습니다.

"드디어 다 그렸다!"

김정호는 완성한 지도에 자기 이름 대신 '고산자(古山子:옛 산과 더불어 사는 사람)'라는 호를 써 넣었습니다. 몸이 붕 떠오

르는 듯 기뻤습니다.

그해 겨울, 김정호는 결혼을 했습니다. 가난한 집안 살림을 꾸려 가느라 아내의 고생은 이만저만이 아니었습니다. 하지만 지도 그리기를 여기서 그만둘 수는 없었습니다.

"여기서 혼자 지도를 그린다는 건 우물 안 개구리와 다를 것이 없다. 한양으로 가자."

자기가 그린 지도가 과연 다른 지도들보다 자세하고 정확한지 알 수가 없어 걱정스러웠습니다. 또 이미 만들어져 있는 「동국지도」나 「조선팔도지도」가 어떻게 생겼는지도 매우 궁금했습니다. 그것을 보려면 한양에 있는 규장각에 가야 했습니다.

당장 한양으로 이사를 간 김정호는 서쪽 변두리 만리재 부근에 자리를 잡고 어렸을 때 친구였던 최한기를 찾아갔습니다.

김정호는 그동안 그렸던 북쪽 지방 지도를 내보였습니다. 최한기는 김정호가 그린 지도를 보더니 깜짝 놀라 입을 다물지 못했습니다.

"대단하구먼! 정말 고생했네."

"규장각에 있는 지도나 책을 보고자 왔네. 우리 같은 상민은 출입하지 못한다고 하니 자네가 좀 도와주게."

김정호가 어렵게 부탁했습니다.

"규장각은 자네 같은 학자들에게 도움을 주려고 임금님께서 특별히 만드신 곳이네. 염려 말게."

김정호와 최한기는 다음 날 당장 규장각을 찾아갔습니다. 규장각 검서관으로 있는 최성환도 만났습니다. 김정호는 거기서 말로만 들었던 지도들을 직접 보았습니다.

세계 지도인 「혼일강리역대국도지도」와 「곤여만국전도」도 보았습니다. 우리나라 지도인 「동국지도」와 「동국여지도」, 「팔도도」도 보았습니다.

그날 이후 김정호는 날마다 규장각으로 가서 하나하나 찬찬히 살펴보았습니다. 김정호의 가슴은 희망으로 가득 찼습니다. 이제야 지도 공부의 길이 새롭게 열린 것입니다. 그동안 갇혀 있던 어둠 속을 헤치고 나온 듯했습니다.

더구나 귀여운 딸까지 얻자 온갖 행복을 모두 차지한 기분이었습니다. 이 모든 것이 다 최한기 덕분이었습니다. 최한기가 정말 고마웠습니다.

'훌륭한 학자이자 나의 친구 혜강 최한기, 자네는 나의 샛별이야.'

최한기는 김정호가 어둠에 갇혀 있을 때마다 샛별처럼 나타나 가야 할 길을 밝혀 주었습니다.

새 지도 「청구도」

규장각에 있는 지리에 관한 책과 지도들을 모두 살펴본 김정호는 지금까지 나온 지도보다 더 좋은 지도를 만들 수 있다는 자신이 생겼습니다.

'우리나라의 모든 것을 그려 넣은 새 지도를 만들어야 한다. 그런 지도라면 누구나 편리하게 쓸 수 있을 것이다.'

김정호는 앞으로 이루어 내야 할 목표를 확실히 정했습니다. 우리나라 전체 지도를 새롭게 그리기로 했던 것입니다.

김정호는 먼저 규장각에 가서 우리나라 전체 지도들을 죄다

베껴 왔습니다. 그러느라 날마다 규장각을 드나들었습니다. 이렇게 해서 모은 지도들을 낱낱이 비교하면서 조그만 마을 하나까지도 빠뜨리지 않고 적어 넣었습니다.

김정호는 지도 그리기에 몰두하느라 집안 살림에는 관심을 가질 겨를이 없었습니다. 그러나 살림이 아무리 어려워도 아내는 불평 한마디 하지 않았습니다. 그저 광주리를 팔아 겨우 살아갔습니다. 김정호는 아내에게 고마운 마음으로 더욱 열심히 지도를 그렸습니다.

우리나라 땅 동서를 22단으로 가르고, 남북을 29단으로 갈랐습니다. 이렇게 가르고 나서 동서 한 단을 '판'이라고 이름 붙이고, 남북 한 단을 '층'이라고 이름 붙였습니다. 이것이 오늘날 지도의 씨줄과 날줄 같은 것입니다.

김정호는 종이 한 장에 한

판 넓이에 들어 있는 온갖 것들을 그려 넣었습니다. 지도 한 장을 그리는 데 보름이 걸리기도 했고, 좀 더 복잡한 것은 두 달이 걸리기도 했습니다.

그는 이전의 지도들보다 자세하고 정확하게 그리기 위해 여러 가지 자료들을 더욱 많이 모았습니다. 이렇게 3, 4년 동안 쉬

청구도 | 김정호가 그린 「청구도」입니다. 영남대학교에 보관되어 있습니다.

지 않고 지도를 그린 김정호는 마침내 우리나라 전체 지도를 완성했습니다. 이전에 나온 지도 「동국전도」와 「도별분도」보다 훨씬 자세하고 정확한 것이었습니다.

김정호는 이 지도첩의 이름을 「청구선표도」라고 적었습니다. 또 다른 이름으로 「청구도」라고도 합니다. 이때가 1834년경으로, 김정호의 나이도 어느새 서른을 넘어서 있었습니다.

김정호는 이 소식을 최한기에게 가장 먼저 알렸습니다.

"고산자, 정말 축하하네! 온 세상이 기뻐할 일이야. 그래, 그동안 얼마나 고생이 많았는가?"

최한기는 김정호의 손을 덥석 잡았습니다. 그리고 기쁜 마음을 머리말로 써 붙였습니다.

내 친구 김정호는 어렸을 때부터 지도 공부에 뜻을 두고 오랫동안 자료를 모으고 연구해 왔다. 여러 가지 방법들의 좋은 점과 나쁜 점을 자세히 살펴 깊이 생각하였으며, 보기에 간편하게 여러 부분으로 나누어 그렸다.

이 「청구도」는 우리나라 지리 학문의 역사에 기록될 자랑으로 후세에 길이길이 남을 것이다.

그 후 김정호는 몸이 쇠약해져 자리에 눕고 말았습니다. 며칠을 앓고 일어난 김정호는 「청구도」를 보자기에 싸 들고 최한기의 집을 찾아갔습니다.

"그래, 잘 왔네. 이런 보물은 규장각에 보관해야 해. 그래야 널리 쓰이게 할 수

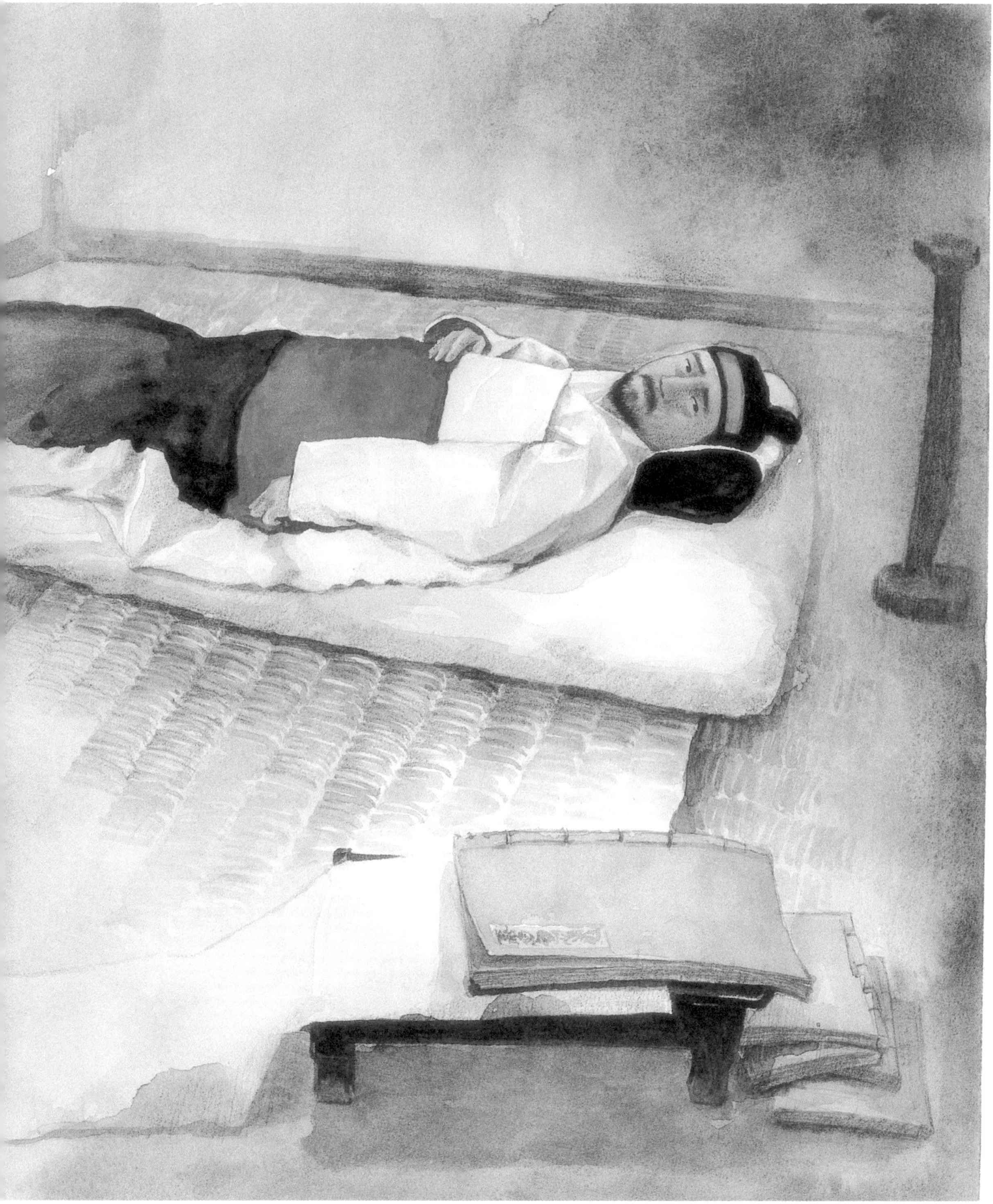

있지. 자, 같이 가세."

최한기와 김정호는「청구도」를 들고 규장각으로 갔습니다.

"오오! 대단한 지도로군요. 이런 지도는 처음이오. 그야말로 보물이오, 보물!"

"상민이면 어떻습니까? 고산자는 훌륭한 지리학자요. 임금님께도 알려야겠소."

규장각의 학자들은 모두 놀라며 칭찬을 아끼지 않았습니다. 김정호가 세상에 태어나 높은 벼슬아치들에게 이런 대접을 받아 보기는 처음이었습니다.

그 후「청구도」와 함께 고산자 김정호라는 이름도 널리 퍼져 나갔습니다.

끝이 없는 길

온 나라에 김정호가 가장 좋은 지도를 그렸다는 소문이 퍼졌습니다. 이 일로 김정호는 신헌 대감을 만났습니다. 신헌 대감은 과거 시험에서 무과에 급제해 전라도 병마절도사와 훈련대장, 병조 판서를 지낸 무관이었습니다. 무관들은 군대를 통솔하고 나라를 지키는 일을 하므로 특별히 군사 작전에 쓸 수 있는 지도가 필요했습니다.

"고산자, 그대가 만든 「청구도」를 유심히 보았네. 대단한 지도더군. 그런데 「청구도」에 많은 것이 담겨 있긴 하지만, 너무

김정호 초상화 | 일생을 바쳐 대동여지도를 만들어 낸 위대한 지리학자 김정호의 모습입니다.

복잡한 것 같네. 군사 작전에 쓸 지도는 새롭게 바뀐 부분과 산의 형세나 거리 등이 정확한 것이 좋네. 다시 고치고 보태서 정확하고 세밀한 지도를 만들어 보게나. 자네가 이 일을 맡아 주겠다면 내가 힘껏 돕겠네."

신헌 대감은 여러 가지 책과 비변사(조선 시대에 군사 업무와 나랏일을 맡아 보던 기관)에 보관하고 있던 여러 가지 군사 지도를 한 보따리 싸 주었습니다.

'그래, 다시 그리자. 어차피 지도 공부는 내가 평생 해야 할 일이 아닌가? 또 지도는 그때그때 고치고 보태고 새로 그려야

하는 법이야.'

김정호는 다시 붓을 잡았습니다. 먼저 「청구도」에서 고칠 부분들을 찾아보았습니다.

"글자가 너무 많이 들어갔구나. 큰 길과 작은 길도 구별이 안 되어 있어. 아, 또 바닷가가 대충 그려졌군. 색깔도 그렇고."

「청구도」에서 몇 가지 마땅치 않은 점들이 드러났습니다. 또 그 지방에 직접 가 보지 않고 다른 사람들이 기록해 놓은 자료나 지도를 보고 그렸던 것도 못내 마음에 걸렸습니다. 김정호는 남쪽 지방과 바닷가 고을 몇 곳을 돌아보기로 했습니다. 곧장 짐을 꾸려서 집을 나섰습니다.

낯모르는 사람들에게 얻어먹고 잠을 잤습니다. 그러다 도둑으로 몰려 한밤중에 쫓겨나기도 했습니다.

이렇게 해서 「청구도」에서 확실치 않았던 곳을 두루 돌아오는 데 한 달 가까이 걸렸습니다.

집에 돌아온 김정호는 다시 지도를 그리기 시작했습니다. 모아 온 자료들을 늘어놓고 하나씩 고쳤습니다. 새롭게 그려 넣어야 할 동네와 길도 있었습니다.

「청구도」에는 땅의 모습뿐만 아니라 그 지역의 풍속이나 사람들의 생활 모습까지 들어 있었습니다. 그것을 따로 빼어 책으로 만들었습니다. 그렇게 하자 「청구도」보다 훨씬 정확하고 세밀한 지도가 탄생했습니다.

"이 지도를 「동여도」라 하자."

다시 「동여도」를 만든 이때, 김정호의 나이는 오십을 넘어서고 있었습니다.

지도 그리기 공부는 그야말로 끝이 없는 길이었습니다.

"고산자, 정말 훌륭하군. 지금까지 이렇게 정확하고 세밀한 지도는 없었네. 이 「동여도」는 나라를 다스리는 데에 쓰일 것이네.

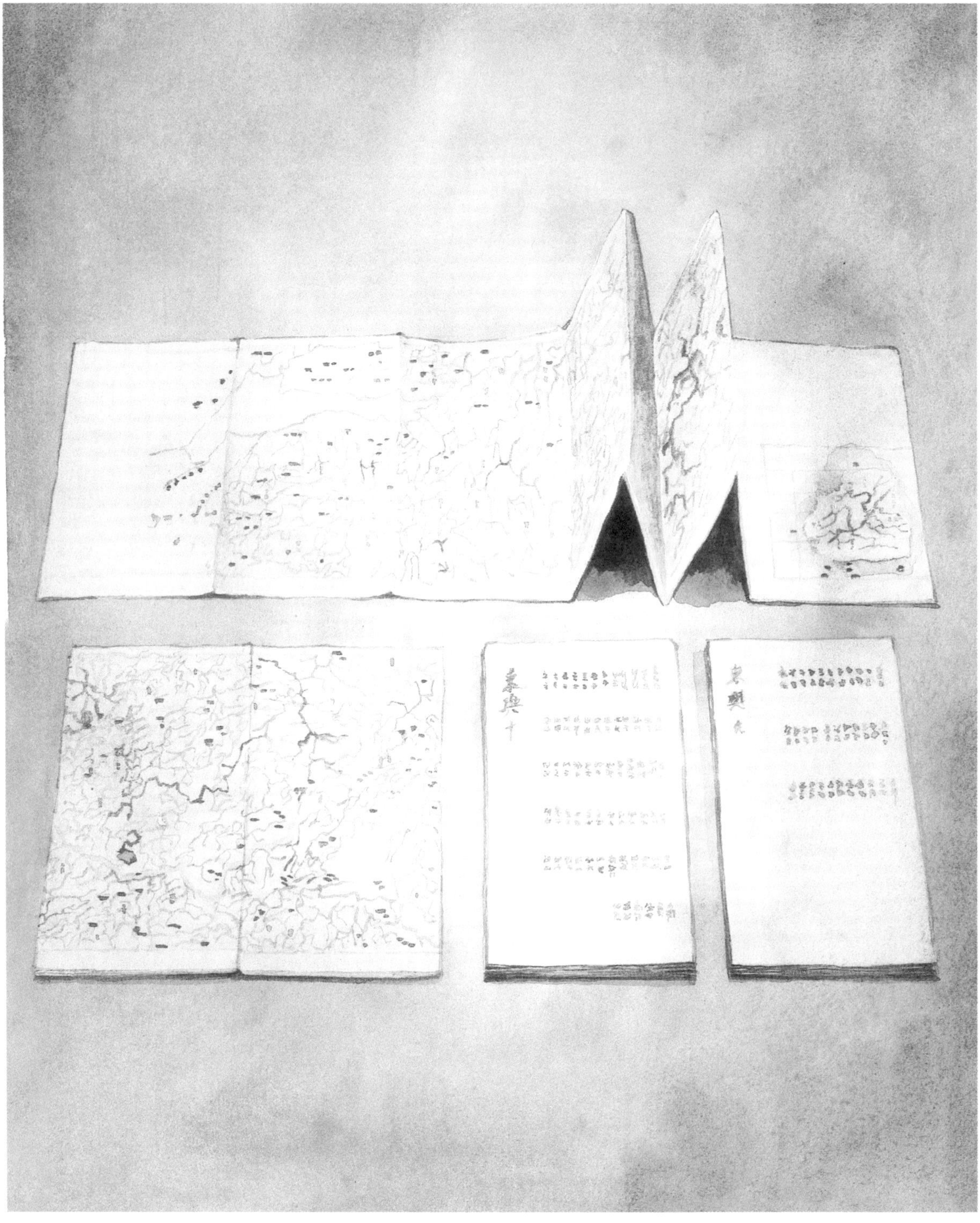

또한 비변사와 모든 군사 작전에도 이 「동여도」가 귀중하게 쓰일 것이네. 이렇게 큰일을 이룬 자네의 이름은 길이길이 남을 걸세.”

신헌 대감은 무척 기뻐했습니다. 그리고 이 사실을 규장각이나 조정에 알리고, 자기 책에도 자세히 기록해 놓았습니다.

「동여도」는 병풍처럼 접고 펼 수 있도록 만들어졌습니다. 전국토를 가로 80리, 세로 120리씩 끊어, 가로 20판, 세로 22층으로 나누어 그렸습니다. 이것들을 다 합치면 동서가 4미터 정도, 남북이 7미터 정도 되는 커다란 지도가 됩니다.

이제 김정호는 나라에서 손꼽히는 지리학자가 되었습니다. 천대받는 상민이라 벼슬자리에는 오르지 못했지만, 그의 지도는 누구나 알아주었습니다.

고산자의 영혼 「대동여지도」

「동여도」를 완성하고 얼마 후 아버지가 돌아가셨다는 소식을 전해 들었습니다. 김정호는 그길로 아버지의 산소로 달려갔습니다. 무릎을 꿇고 앉아 그는 한참 동안 흐느껴 울었습니다.

"아버님, 마지막 가시는 길도 지키지 못한 불효자식이 왔습니다. 평생 상민으로 살면서 천대받는 것에 한이 맺힌 아버님! 이제 양반, 상민이 없는 저세상에서 편안히 지내시고, 이 세상에서 맺힌 한을 말끔히 풀어 버리소서."

김정호는 아버지가 살아 계실 때에 지도로 이름을 날려 기쁘게 해 드려야 했는데, 그러지 못한 것이 몹시 가슴 아팠습니다.

한양으로 돌아온 김정호는 슬픔을 떨쳐 버리고 다시 지도 그리기 공부에 몰두하기 시작했습니다. 그것이 가슴에 한을 품고 살다 가신 아버지에 대한 효도라고 생각했습니다.

"가장 뛰어난 지도를 만들어, 모든 사람들이 편리하게 쓰도록 나무판에 새겨야겠네."

"뭐라고? 나무판에 지도를 새긴다고? 붓으로 그리기도 어려운 일인데……."

"아무래도 여러 사람들이 손쉽게 쓰게 하려면 그 방법밖에 없어."

김정호의 말을 들은 최한기는 힘껏 돕겠다고 약속하며 친구를 격려했습니다.

김정호는 우선 「청구도」와 「동여도」를 나란히 놓고 구석구석 비교

해 보았습니다. 각 고을마다 정확히 그려진 곳과 고쳐야 할 곳, 더 둘러보고 확인해야 할 곳으로 나누었습니다. 그리고 그 분류대로 한 장 한 장 그려 나갔습니다.

날이 가고 달이 가니 우리나라 땅이 그 모습을 차츰 드러내기 시작했습니다. 김정호는 처음으로 지도에 산줄기를 그려 넣었습니다. 지도표도 정했습니다. 지도는 주로 이전에 그려진 지도와 책들을 보고 정리해서 그렸지만, 확실하지 않은 몇 곳은 직접 돌아보기도 했습니다.

여러 곳을 돌아보다가 오랜만에 집에 돌아온 김정호는 쉬지도 않고 남은 지도를 그렸습니다. 아내와 딸 예분이가 건강을 걱정했지만 말을 듣지 않았습니다.

"내 나이가 쉰이 넘었으니 언제 죽을지 모르는 일이다. 이 지도는 내가 꼭 마무리지어야 해."

그 뒤 반 년이 더 걸려 지도 그리기를 마무리하고는, 이제 대추나무 판자에 지도를 새기기 시작했습니다.

한번 방에 들어가 지도를 새기기 시작하면 해가 넘어가도록

나오지 않았습니다. 방에는 밤늦도록 불이 켜져 있었습니다. 꽃이 피었다 지고 계절이 바뀌는 줄도 몰랐습니다.

김정호는 목판 지도가 한 장 한 장 쌓여 갈 때마다 날아갈 듯이 기뻤습니다.

마지막 스물두 번째 지도를 새겼습니다. 그 옛날 백두산 봉우리에 오른 기분 그대로였습니다. 목판 새기기를 모두 마친 김정호는 정신을 가다듬고 목판에 먹물을 묻혀 찍어 보았습니다. 우리나라의 산줄기와 물줄기가 또렷하게 찍혀 나왔습니다.

"아아! 우리나라 땅의 모습이 이렇게도 아름답구나."

1861년 드디어 「대동여지도」가 완성되었습니다. 이 소식을 듣고 최한기와 최성환이 한달음에 달려왔습니다.

"고산자, 자네가 이 세상에 보물을 또 하나 만들어 놓았네그려! 이것은 자네의 영혼이야."

김정호는 고개를 들어 먼 하늘을 바라보았습니다. 지난 일들이 바람처럼 머릿속을 스치고 지나갔습니다. 입가에 잔잔

▲ **대동여지도 목판** | 국립박물관 지하 창고에서 발견된 대동여지도 목판본입니다.
◀◀ **대동여지도** | 김정호가 일생을 바쳐 만든 대동여지도입니다.

한 미소가 번졌습니다.

최한기가 말없이 김정호의 손을 꼭 잡아 주었습니다.

그 뒤 김정호는 그동안 보고 들은 고을과 산과 강과 평야의 특성이나 흩어져 있는 이야기들을 정리했습니다.

이것을 『대동지지』라는 책으로 만드는 일을 계속하다가 1866년 무렵 조용히 눈을 감았습니다.

김정호의 삶

연 대	발 자 취
1804년(1세 무렵)	황해도 토산현에서 가난한 평민의 아들로 태어나다.
1812년(?)	아버지에게 이끌려 글공부를 시작하다. 서당에서 최한기를 만나다.
1816년(?)	그림 지도를 처음 보고, 지도를 그리기로 결심하다.
1820년(17세 무렵)	고향을 떠나 서울 만리재 부근으로 이사하다. 최한기와 최성환의 도움을 받아 본격적으로 지도 공부와 그리기에 열중하다.
1834년(31세 무렵)	이전의 지도들보다 훨씬 자세하고 정확한 「청구도」를 완성하다.
1844년(41세 무렵)	지리지 『동여도지』를 완성하다.
1856년(53세 무렵)	지리지 『여도비지』를 완성하다.
1857년(54세 무렵)	병조 판서 신헌의 부탁에 따라 「청구도」를 고치고, 「동여도」를 완성하다.
1861년(58세 무렵)	우리나라 전체 지도인 「대동여지도」를 그리다. 「대동여지도」를 나무판에 새겨 22첩의 목판 지도를 완성하다.
1864년(61세 무렵)	지리지 『대동지지』를 완성하다.
1866년(63세 무렵)	세상을 떠나다.

읽으며 생각하며!

1. 김정호가 1861년에 만든 지도의 이름은 무엇인가요?

2. 다음 글은 김정호의 친구 최한기가 쓴 글입니다. 다음 (　　) 안에 들어갈 말은 무엇인가요?

> 내 친구 김정호는 어렸을 때부터 지도 공부에 뜻을 두고 오랫동안 자료를 모으고 연구해 왔다. 여러 가지 방법들의 좋은 점과 나쁜 점을 자세히 살펴 깊이 생각하였으며, 보기에 간편하게 여러 부분으로 나누어 그렸다.
>
> 이 「(　　　　)」는 우리나라 지리 학문의 역사에 기록될 자랑으로 후세에 길이길이 남을 것이다.

3. 김정호는 우리나라 전체 지도를 새롭게 그리기로 결심합니다. 그러기 위해 어느 곳에 가서 우리나라 지도를 모두 베껴 왔나요?

4. 다음은 김정호가 어릴 때 일어난 일입니다. 이 글을 읽고 태어날 때부터 신분이 정해지는 사회에서 산다면 어떤 점이 힘들지 상상하여 써 보세요.

정호가 한숨을 지었습니다. 이 세상이 원망스러웠습니다.

관도 상여도 없이 시체를 거적때기에 둘둘 싸서 지고 와 파묻는 사람은 틀림없이 가난하고 천한 상민이었습니다.

정호는 나무 한 짐을 마당에 부려 놓고는 어머니를 붙잡고 불만을 터뜨렸습니다.

"왜 아버지는 양반이 아니에요? 난 상놈으로 살기 싫단 말이에요!"

"뭣이라고? 이 못된 놈! 부모를 탓하다니. 그게 어디 사람의 힘으로 되는 거라더냐, 이놈아!"

5. 김정호는 아버지에게 이끌려 서당에 갑니다. 서당 아이들은 정호를 보면서 상놈이 무슨 글공부냐고 놀립니다. 서당 아이들이 다시는 놀리지 않도록 하려면 어떻게 행동해야 할지 생각해 보세요.

6. 다음과 같은 김정호의 태도에서 무엇을 느꼈나요?

김정호는 이 집에 머물면서 백두산을 두루 돌아보고 자세히 글로 적고 또 그림으로 그렸습니다. 천지, 소천지, 흑풍구, 고래등, 원시림, 사스래폭포, 장백폭포, 천문봉, 병사봉, 청석봉, 백운봉, 녹명봉, 용문봉. 백두산 곳곳에 김정호의 발길이 닿지 않은 곳이 없었습니다. 이렇게 돌아다니다 보니 몇 해가 훌쩍 지나가 버렸습니다.

7. 김정호 곁에는 항상 용기를 북돋워 주는 친구들이 있었습니다. 여러분에게도 어려운 점이 있으면 함께 고민하는 친구가 있나요? 친구를 사귀면 어떤 점이 좋은지 생각해 보세요.

풀이

1. 대동여지도

2. 청구도

3. 규장각

4. 예시 : 태어날 때부터 신분이 정해져 있다면 아무리 공부를 잘해도 높은 자리에 앉을 수 없다. 또 능력이 있어도 발휘하지 못한다. 신분이 가장 낮은 사람들은 사람 대접도 받지 못하고 어렵게 살 것이다. 그리고 신분이 낮은 사람은 비록 잘못된 명령일지라도 신분이 높은 사람의 말에 따라야 한다. 이렇게 자신의 뜻대로 살지 못하고 꿈을 펼칠 수 없다는 것이 가장 힘들 것 같다.

5. 예시 : 다시는 '신분이 낮은 사람이 글공부를 한다.'며 놀리지 못하도록 열심히 공부해야 한다고 생각한다. 또 아이들이 놀릴 때 화를 내며 덤비거나 울면 아이들은 그런 모습이 재미있어 더욱 심하게 놀릴 것이다. 그럴 때는 아무 일도 없다는 듯 무시한다면 언젠가는 아이들이 놀리지 않고 존중해 줄 것이다.

6. 예시 : 김정호는 고생할 것을 뻔히 알면서도 정확한 지도를 만들기 위해 발로 뛰었다. 몇 년 동안이나 구석구석을 돌아보면서 온갖 고생을 했다. 이런 태도에서 자신이 하는 일에 최선을 다하고 끝까지 이루어 내는 끈기를 배울 수 있다. 또 김정호는 다른 사람들처럼 편하게 일할 수 있는 길을 버리고 어렵지만 새로운 지도를 만들기 위해 노력했다. 그런 모습에서는 항상 앞서 가려면 노력해야 한다는 점을 느낄 수 있다.

7. 예시 : 고민이 있을 때마다 내 얘기를 잘 들어 주는 친구가 있다. 같은 반에서 공부하는 그 친구랑 말을 하고 나면 고민이 풀린다. 친구란 즐거울 때 함께 기뻐하고 슬플 때 함께 안타까워해 주는 사람이다. 친구를 사귀면 함께 놀고 숙제도 함께 할 수 있을 뿐만 아니라, 어려운 일이 있을 때 의논할 수 있어서 좋다. 또 항상 내 편이 되어 주기 때문에 마음도 든든하다.

역사 속에 숨은 위인을 만나 보세요!

한국사

B.C. 선사 시대 및 연맹 왕국 시대

- 고조선 건국 (B.C. 2333)
- 철기 문화 보급 (B.C. 300년경)
- 고조선 멸망 (B.C. 108)

A.D. 삼국 시대

- 광개토 태왕 (374~412)
- 을지문덕 (?~?)
- 고구려 불교 전래 (372)
- 연개 소문 (?~666)
- 김유신 (595~673)
- 신라 불교 공인 (527)
- 대조영 (?~719)
- 고구려 살수 대첩 (612)
- 신라 삼국 통일 (676)
- 대조영 발해 건국 (698)

698 남북국 시대

- 장보고 (?~846)
- 왕건 (877~943)
- 장보고 청해진 설치 (828)
- 강감찬 (948~1031)
- 견훤 후백제 건국 (900)
- 궁예 후고구려 건국 (901)

918 고려 시대

- 왕건 고려 건국 (918)
- 귀주 대첩 (1019)
- 윤관 여진 정벌 (1107)
- 고려 강화로 도읍 옮김 (1232)
- 개경 환도, 삼별초 대몽 항쟁 (1270)
- 최무선 (1328~1395)
- 문익점 원에서 목화씨 가져옴 (1363)
- 최무선 화약 만듦 (1377)

1392

- 황희 (1363~1452)
- 세종 대왕 (1397~1450)
- 장영실 (?~?)
- 조선 건국 (1392)
- 훈민 정음 창제 (1443)
- 신사임당 (1504~1551)
- 이이 (1536~1584)
- 허준 (1539~1615)
- 유성룡 (1542~1607)
- 임진 왜란 (1592~1598)
- 한산도 대첩 (1592)
- 한석봉 (1543~160
- 이순신 (1545~159
- 오성과 한음 (오성 1556~ 1618 / 한음 1561~ 1613)
- 허준 동의보 완성 (1610)
- 병자 호란 (1636)
- 상평 통보 전국 유통 (1678)

2000 500 400 300 100 0 300 500 600 800 900 1000 1100 1200 1300 1400 1500 1600

세계사

B.C. 고대 사회

- 중국 황하 문명 시작 (B.C. 2500년경)
- 인도 석가모니 탄생 (B.C. 563년경)
- 알렉산더 대왕 동방 원정 (B.C. 334)
- 석가모니 (B.C. 563?~ B.C. 483?)
- 예수 (B.C. 4?~ A.D. 30)

- 크리스트교 공인 (313)
- 게르만 민족 대이동 시작 (375)
- 로마 제국 동서로 분열 (395)

A.D. 375 중세 사회

- 수나라 중국 통일 (589)
- 이슬람교 창시 (610)
- 수 멸망 당나라 건국 (618)
- 러시아 건국 (862)
- 거란 건국 (918)
- 송 태종 중국 통일 (979)
- 제1차 십자군 원정 (1096)
- 테무친 몽골 통일 칭기즈 칸이 됨 (1206)
- 원 제국 성립 (1271)
- 칭기즈 칸 (1162~1227)
- 원 멸망 명 건국 (1368)

1400

- 잔 다르크 영국군 격파 (1429)
- 구텐베르크 금속 활자 발명 (1450)
- 코페르니쿠스 지동설 주장 (1543)
- 도요토미 히데요시 일본 통일 (1590)
- 독일 30년 전쟁 (1618)
- 영국 청교도 혁명 (1642~164
- 뉴턴 만유 인력의 법칙 발견 (1665)

구분	1700	1800	1850	1860	1870	1880	1890	1900	1910	1920	1930	1940	1950	1970	1980	1990	2000
한국 인물	정약용 (1762~1836) 김정호 (?~?)				주시경 (1876~1914) 김구 (1876~1949) 안창호 (1878~1938) 안중근 (1879~1910)		우장춘 (1898~1959) 방정환 (1899~1931)	유관순 (1902~1920) 윤봉길 (1908~1932)	이중섭 (1916~1956)		백남준 (1932~2006)		이태석 (1962~2010)				
한국 사건	이승훈 천주교 전도 (1784)			최제우 동학 창시 (1860) 김정호 대동여지도 제작 (1861)	강화도 조약 체결 (1876) 지석영 종두법 전래 (1879)	갑신정변 (1884)	동학 농민 운동, 갑오개혁 (1894) 대한 제국 성립 (1897)	을사조약 (1905) 헤이그 특사 파견, 고종 퇴위 (1907)	한일 강제 합방 (1910) 3 · 1 운동 (1919)	어린이날 제정 (1922)	윤봉길 · 이봉창 의거 (1932)	8 · 15 광복 (1945) 대한민국 정부 수립 (1948)	6 · 25 전쟁 (1950~1953)	10 · 26 사태 (1979)	6 · 29 민주화 선언 (1987) 서울 올림픽 개최 (1988)	북한 김일성 사망 (1994)	의약 분업 실시 (2000)
한국 시대	조선 시대					1876 개화기		1897 대한 제국	1910 일제 강점기				1948 대한민국				
세계 시대	근대 사회							1900 현대 사회									
세계 사건	미국 독립 선언 (1776) 프랑스 대혁명 (1789)	청 · 영국 아편 전쟁 (1840~1842)		미국 남북 전쟁 (1861~1865)	베를린 회의 (1878)	청 · 프랑스 전쟁 (1884~1885)	청 · 일 전쟁 (1894~1895) 헤이그 평화 회의 (1899)	영 · 일 동맹 (1902) 러 · 일 전쟁 (1904~1905)	제1차 세계 대전 (1914~1918) 러시아 혁명 (1917)	세계 경제 대공황 시작 (1929)	제2차 세계 대전 (1939~1945)	태평양 전쟁 (1941~1945) 국제 연합 성립 (1945)	소련 세계 최초 인공위성 발사 (1957)	제4차 중동 전쟁 (1973) 소련 아프가니스탄 침공 (1979)	미국 우주 왕복선 콜럼비아호 발사 (1981)	독일 통일 (1990) 유럽 11개국 단일 통화 유로화 채택 (1998)	미국 9 · 11 테러 (2001)
세계 인물	워싱턴 (1732~1799) 페스탈로치 (1746~1827) 모차르트 (1756~1791) 나폴레옹 (1769~1821)	링컨 (1809~1865) 나이팅게일 (1820~1910) 파브르 (1823~1915) 노벨 (1833~1896) 에디슨 (1847~1931)	가우디 (1852~1926)	라이트 형제 (형, 윌버 1867~1912 / 동생, 오빌 1871~1948) 마리 퀴리 (1867~1934) 간디 (1869~1948)	아문센 (1872~1928) 슈바이처 (1875~1965) 아인슈타인 (1879~1955)	헬렌 켈러 (1880~1968)			테레사 (1910~1997) 만델라 (1918~2013)	마틴 루서 킹 (1929~1968)		스티븐 호킹 (1942~2018)	오프라 윈프리 (1954~) 스티브 잡스 (1955~2011) 빌 게이츠 (1955~)				

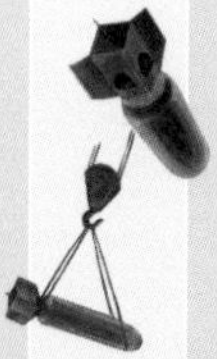

2021년 4월 25일 2판 7쇄 **펴냄**
2014년 2월 25일 2판 1쇄 **펴냄**
2008년 6월 30일 1판 1쇄 **펴냄**

펴낸곳 (주)효리원
펴낸이 윤종근
글쓴이 장문식 · **그린이** 홍정민
사진 제공 중앙포토, 연합뉴스
등록 1990년 12월 20일 · **번호** 2-1108
우편 번호 03147
주소 서울시 종로구 삼일대로 457, 1206호
대표 전화 02)3675-5222 · **편집부** 02)3675-5225
팩시밀리 02)765-5222

잘못 만들어진 책은 구입하신 서점에서 바꾸어 드립니다.
ISBN 978-89-281-0345-4 64990
홈페이지 www.hyoreewon.com

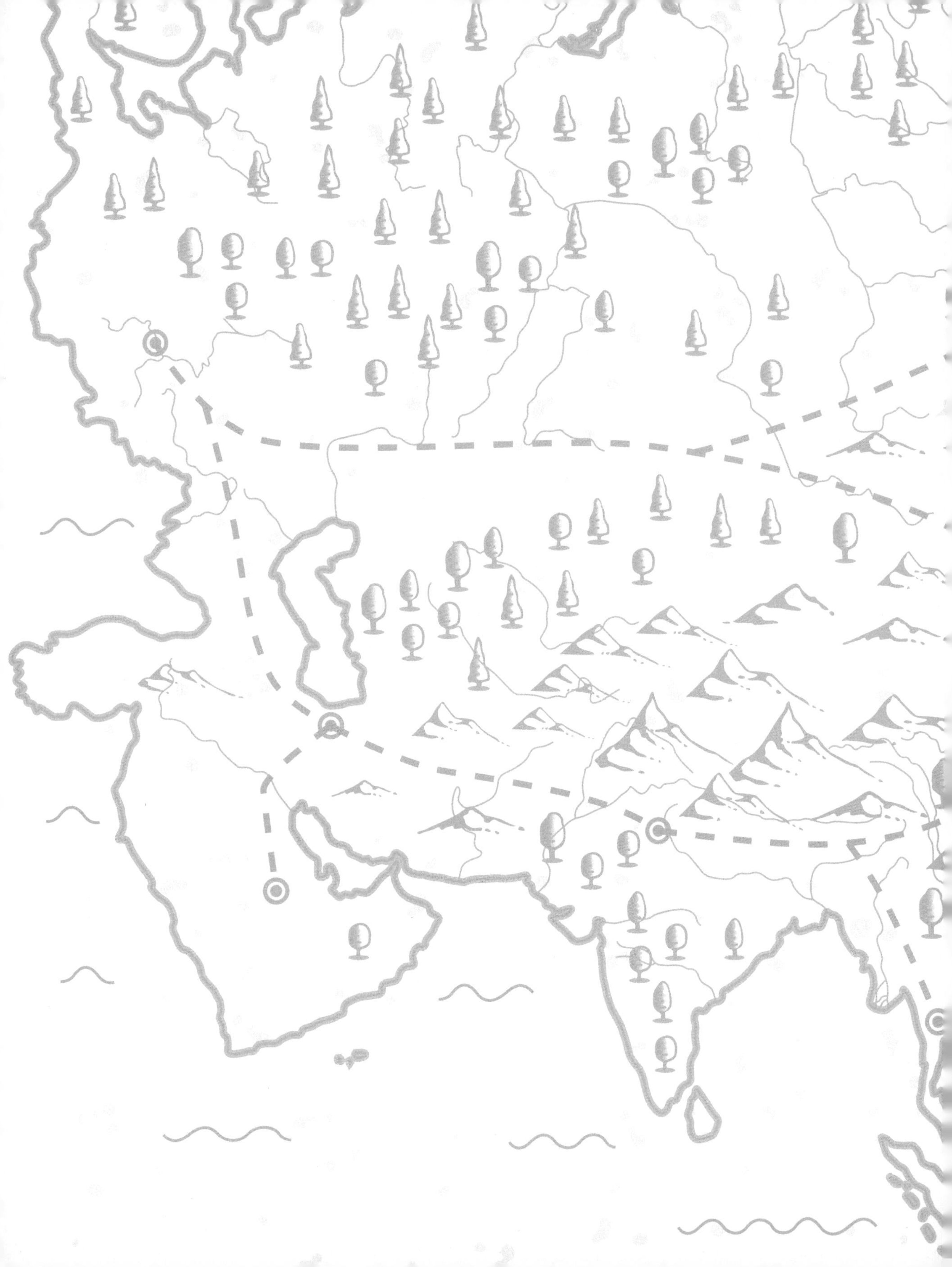